신의 노래

정인양 제10시집

인지
생략

들꽃시선 97

신의 노래

2008년 07월 05일 초판인쇄
2008년 07월 30일 초판펴냄

지은이/정인양

펴낸이/문창길

펴낸곳/도서출판 들꽃
주 소/100-273 서울 중구 필동3가 21-8 서울캐피탈빌딩 B202호
전 화/02)2267-6833, 2273-1506
팩 스/02)2268-7067
출판등록/제5-313호
E-mail:dlkot108@hanmail.net

값 6,000원
*파본된 책은 바꾸어 드립니다.

ISBN 978-89-89607-116-3 04810
ISBN 978-89-951327-0-1 (세트)

들꽃시선 97

신의 노래

정인양 제10시집

책머리에

작은 변명

읽어 주지도 않는 시를 왜 쓰냐구요
그야 시의 함축미와 리듬이 맘에 들고
그 시의 형식을 통해
한 가지 사실에 대한 세상 이치와
인간적 의미를 밝혀내는 일이
내가 좋아한 작업이거든요
그 일이 그리나 즐거워
웃지 않을 때도 웃음이요
상 받지 못해도 영광이랍니다
한 영감을 위해 고독과 고요를 즐길 때
근심도 없고 걱정도 없는
대평화 대자유를 얻는 행복이랍니다
현실에 참여한 시를 쓰고
지금 내 주위에서 일어날 일에 관심을 갖는 건
가버린 과거나 오지 않는 미래에 살지 않고
현재를 즐기며 살아가는 방법이요
콜럼버스가 신대륙을 발견한 흥분이랍니다

내가 이 일에 넋을 빼고 살아간 것은
민족혼을 빛내 민들레의 영토를 넓히고
내 영혼이 풀잎에 이슬로 맺힌 일이기에
읽어주는 이 없고
알아주는 이 없어도 나는 땀흘 릴 수 있고
그 땀의 나라에서 나는 스스로 왕이 됩니다
한 편의 시라도 맘에 들어 한 사람이 있다면
나는 그를 위해 쓰고 또 쓸 것입니다.

08. 5. 정인양

차례

묶음 하나 : 모세는 살아있다

묶음 둘 : 그런 당신

묶음 셋 : 풍경소리

묶음 넷 : 홀로 산행

묶음 다섯 : 두두물물

묶음 하나

모세는 살아있다

모세는 살아있다

사랑과 진리의 하나님을
진정 만나고 싶거든
어둡고 춥고 배고파 기도밖에 없는
광야에 가라
낮에도 어두운 가슴 속 그 광야에
모세는 살아 있다
하나밖에 없는 자기마저 버리고
하나님께 매달려라
번뇌와 고뇌의 먹구름 사이로
성령은 도끼날 같은 빛을 보내리라
아침이 태양을 데려와
어둠을 몰아내고 그림자를 찾아내듯
모세는 너를 찾아내고
너의 기도에 답하리라 그리고
꿇어 앉은 땅에서 일어서게 하리라.

노란 은행잎

내게서 나를 비운 나는
마음이 가난해 복이 있나니
비운 그 자리에서 태어난

사랑과 진리의 이름은 예수님
그 마음의 일어남은 예수님의 부활
그 마음의 실천은 성령의 임하심

예수님과 나는
하나이면서 둘이요
둘이면서 하나인 노란 은행잎

나는 예수님에게서 살고
예수님은 내게서 살으심에
내 혈관에도 보혈이 흐른다

신의 노래

아침 이슬이 햇살을 만나더니
무지개를 임신했다

조개가 모래알 하나를 품고 고민하더니
진주를 키운다

돌이 굴욕과 치욕에 자기를 버리더니
보석이 되었다

산사의 풍경 소리는 고요한 푸르름에다
법음을 풀고 있다

구기 선수들은 공에 든 바람의 옆구리에서
황금을 캔다

밥상에 오른 봄나물은 인간의 몸으로
변신한다

세상은 온통 신의 노래요
기적이다.

와! 신난다
이런 나라에 내가 산다

선생님의 정년퇴임

아이들의 눈동자에 들어 있는
천국과 함께 살아온
선생님의 일생은 축복

수업시간엔
시계에
로즈마리 장미가 피고

쉴 시간엔
뻐꾸기 소리
푸른 숲 옆구리를 간지르더니

어느새 정년퇴임이라
이제부터
먹빛에 흰 눈썹 날리겠다

해돋이

일 월 일 일 새벽
사람들은 해돋이를 보러 간다
그런데 나는 이상하다
너를 보는 것이
나의 해돋이다
눈을 감아도 해돋이
밤중에도 해돋이
나는 너만 보면
그때가 바로 일 월 일 일이다
사랑하는 사람은 언제나
사람이 사람의 태양이 된다

보리밭

하나님은 가을의 씨앗을 파종하십니다
몸 묻은 곳에 자기 땅이란 걸 확인시킨 다음
싹을 내게 합니다
고드름 위에 맨발의 시련을 주어
시련에 이긴 보리를 선택합니다
하늘의 땀이 비와 이슬로 화생하여 오셔서
보리를 키웁니다
보리잎의 푸르름에 여드름이 나면
꽃대를 냅니다
꽃진 자리에서 이삭의 알통을 살찌웁니다
한 알을 베풀면 백 알을 돌려주신 다는 걸 보여주십니다
정미소에서 변신하고
밥솥에서 인내의 한계에 도전합니다
밥그릇에서 자기를 완성한 하나님은
보리밥이 되어 내 육신으로 들어오십니다
썩어서 없어질 내 육신도
하나님의 보혈로 가꾸어 주시니
보리밥 한 그릇을 앞에 놓고서도

내 어찌

기도하지 않으리

나의 아리아

바이올린 켜는 네 그림자는
창에 비치고
G선상의 아리아는 절망의 끝에서
사랑의 선율을 타는데
장대비는 나를 머리에서 발끝까지
물기둥을 만들어 놓아
네 방에 들지 못하고 돌아선

흰머리가 검은 머리를 지우고
주름살이 청춘을 지워도
아직까지 그 밤 하나를 지우지 못한
나

결혼조건

생김새가 끝내준다거나
몸매에 박력이 넘친다거나
옷에서 휘파람 소리가 난 행동파라거나
높은 지성인이라 해서 반하진 않아요

적어도 난
삶의 목표가 뚜렷한 인생관을 가지고
자기 일에 의지 굳고 충실하며
남 돕기를 즐기는
그런 사람을 찾습니다

그가 하는 일이 더욱 더 잘되게 돕는 일이
나의 사랑이요 보람이기에
나는 평범하고 힘든 일들을
놀이하듯 즐길 것입니다

내가 반한 건
외양이나. 돈. 재산이나 학벌이 아니라

사람이 사람을 아껴주고 위해주는
그런 인간미 넘치는 사람입니다.

아름다운 그대

아름다운 그대여
파뿌리처럼 하얀 손가락은
초승달을 다듬어 놓은 듯

봉긋이 솟은 가슴은
태초에 사슴이 꿈꾸던 동산인 듯

꿀 바른 듯 입술은
사과 볼에서 익은 햇살을 빗질한 듯

입술가에 번지는 미소는
냇가에서 도란거린 별들의 속삭임인 듯

흘러내린 앞머리 등뒤에서도
얼굴을 내민 눈망울은
삼나무 숲에 떠오른 태양인 듯

실바람 타고 온 체취는

내 영혼이 야자수 사이에 잠든 듯

봄볕

봄볕이 살이 올라
잘룩진 팔이 포동포동
그 팔뚝을 깨물면
꽃비린내가 날 듯

팔뚝에 줄지어 선
이빨자국을 들여다 보고
겁먹은 입술이 삐죽거리면
같이 울어 주고 싶도록 귀여운 햇살

피아골

창자가 비치게 맑은 가을 물
바위에서 하얗게 웃으며
산에서 산다

손만 한 번 씻어도
몸에 묻은 죄까지 다 씻기고
평생 씻지 않아도 될 것 같은

이 물에 마음 한 번 헹구어 널고
바람더러 물방울을 털어 말리라 하면
시샘한 천사가 몰래 걷어갈 것만 같은

풀잎

사랑밖에 모른 푸른 풀잎이
강둑에 앉아
어깨를 기댄 채

손금에 흐르는
강을 바라보며
바람의 유혹에 흔들리고 있다

창앞에서

창 앞에서
가슴 큰 햇살을 만나
무심히 안겨 즐기는데
문소리도 없이 찾아와
빈 가슴 다 차지한 님

미소의 향기

매화향에 눈 감아 안긴 당신
나를 보고 미소 짓는다
그 미소 매화보다 더 곱고
미소의 향기 매향보다 짙다오

어디서 와서 어디로 가는 줄도
모르는 나지만
당신 사랑할 줄은 안다오
이 순간이 백 년인들 어떠리

속삭임

피리 소리로 구슬을 만들어
내 그리움에 무늬 넣고
그대 귓전에서 구르게 하리라

전단향 향기로 색동저고리를 지어 입히고
벼락 같이 웃는 소리가
그대 귀에 들리게 하리라

천년송 솔바람의 오지랍에다
가릉빈가 노래 소리를 싸서
그대 귀에다 풀어 내리게 하리라

여덟 천사의 노래 소리를 진주로 키워
그대 귓볼에다
달아 주리라

첫여름 푸르름을 간지럽힌
꾀꼬리 소리가

그대 귀를 찾아가게 하리라

여울목 물살에
달빛이 은가루 뿌린 소리를
그대 귀에 들려 주리라

사랑을 주려고

곁에 있어도 혹시나
떠나면 어쩌나 싶고

건강한데도 혹시나
아프기라도 하면 어쩌나 싶습니다

청소하고 빨래하고 시장 보는 건
내가 집에서 혼자 연출한 생활예술

일하기가 즐거우니 일은 놀잇감
땀방울마다 행복이 맺히는

난 사랑을 주려고 태어난 사람
내게는 내가 없고 당신만 있는

항아리처럼

가진 것이 가난이라
그대에게 드릴 게 없소
그러나 드리오리다

만 군중 가운데서도
그대를 찾아내는 맑은 눈

향기로운 꽃에서도
그대의 체취를 찾아내는 코

그대의 고독을 안아 줄
따뜻한 가슴

여행의 모든 것에서
그대만 보이는 희한한 풍경

어두운 밤 창공의 별을
혼자 바라본 고독

그대를 생각만해도 그리나 즐거워
혼자 웃는 미소

남몰래 달을 담고 있는 항아리처럼
그대를 담고 있는 내 가슴을

오월

오월은
막 욕실에서 나온
열여덟 살 알몸이다

걔의 부끄럼에서는
꽃에 반해 꽃빛으로 물든
이슬 냄새가 난다

걔의 알밴 속살을 본 바람은
풀밭에 벌렁 누워
옷을 벗는다

그 사람

보냈는데도 보내지 못한 사람
잊었는데도 잊지 못한 사람
우연히라도 만날 것 같은 사람
내 가슴인데도 자기가 차지한 사람
모두 퇴색했는데
어제 찍은 명함판 같은 사람
나를 시계 밖에다 세운 사람
무덤에 갈 때도 가슴에 품어갈 사람
그 사람이 있기에
나는 고독이 즐거워 혼자이고
무심히 하늘을 우러른다.

포장마차에서

미치게 네가 좋으니까
소주를 마신다
먼발치서 보기만해도 가슴이 활화산이다
혹시나 운수 좋게 가까이 지나친 날에는
내 혼이 풍선이다
그러면서 말 한 마디 걸기가
지구가 보름달에게 장가들기 마나 힘들다
벌써 두 병째다
용기 없는 나 대신 소주병을 던져버리고 싶지만
빈병은 고달픈 아주머니의 재산이요
내 인격의 창고다
그만두자
한 병만 더 마시고 가자
그녀의 창문에 불은 꺼졌으리라
비겁하지만 불 꺼진 창이라도
쳐다보다 가자
안 그런 척 한다고
신사되기는 어둠에서도 틀렸다

아마 그녀도 눈치챘으리라
자기를 사랑한 한 남자가 있다는 것
내가 지금 자기 때문에 취해
다리가 술을 따라 다닌다는 것
그리고 한 가닥 희망인 새벽 꿈을 밟아버리고 간다는 걸

묶음 둘

그런 당신

차라리

잘못했다, 잘못했어
네가
꿈에 조차 찾아오지 못할 바엔
차라리
내가 네 꿈에 찾아가
한 베개에 잠든 것을

오직 너

부러운 것도 없다
욕심난 것도 없다

한푼의 빚도
한번의 신세도 지지 않으리라

마음은 은하수에 머물고
눈으론 무지개를 바라보련다

꺾인 갈잎에도 괴로워하고
바람 따라 간 구름은 잊어주리라

꽃잎 가를 돌면서
아무 생각 없이 너를 생각하리라

님을 보내고

베개에 배든 눈물
꿈의 볼을 적신다.

식탁에서

다리미질한 식탁보를 깔고
목이 긴 화병에
장미 한 송이 꽂고
헹군 접시마다 행복을 담아낸 식탁에
끼니마다
초대되는 건
내 삶이
경건하고 성스러운 것
면류관을 쓰지 않았어도
나는
내 육신의 왕국에
내 행복을 다스리는 왕이랍니다

땅따먹기

아이들이
마당에다 금을 긋고
땅따먹기를 한다
다툼이 시작되었다
말에 가시가 돋히고
주먹을 말아 망치를 만들더니
발로 문질러 금을 지우고
다툼에서 돌아선다

오늘도 나는 몇 번이나
혓바닥에다
쓸데없는 금을 긋고
다투다가 돌아섰는지
아, 그냥 두면 내 것이요
금을 그으면 잃어버린
땅따먹기

봉황

복되고 상서로운 일이 일어나라고
사람들 저마다의 가슴 속에
봉황을 키우고 있다
그 봉황을 위해 날마다
밥을 먹고
잠을 자지만
이 세상을 떠난 날까지
자기 눈으로 그 봉황을
본 사람이 없다

지게꾼

어차피 인생은 지게꾼
백 년도 못된 인생살이에
천 년의 욕심을 짊어지고
고갯길에서 쓸어져
짐의 무게에 깔려 죽은

매생이

매생이가 부드러운 것은
눈만 뜨면 찾아오는
조개의 꿈을 먹고 자라서다

매생이가 김도 나지 않는데 뜨거운 것은
얕은 가슴에
바다의 깊이가 있기 때문이다

무지한 딸

엄마와 딸 그렇게 모녀가 살았다
단둘이 살기에 애비 없는 딸이란
욕을 먹고 살까봐 걱정되어
엄마는 혀가 닳도록 가르치고 길렀다

내가 늙으면 거둘 사람이 없다고
여기저기 보험도 들고
날마다 일수를 부으면서
시장 바닥에서 생선장사를 했다

비린내 난 옷은 밖에다 벗어두고
잠들면서도 딸이 커나가는 게
단 하나의 언덕이요
풍만하게 자란 미래다 그런데

열여덟 살 딸아이에게 애인이 생겼다
엄마도 귀찮고 오직 둘이만 살고 싶었다
엄마를 살해해 보험금을 타내기로 했다

엄마는 무덤에 딸은 감옥에

아이스크림

시원하게 얼어있는 겨울이다
혀 끝에서 달콤하게 녹는 겨울이다
손에 들고 연인 한번 나 한번
베어 먹는 겨울이다
겨울을 먹다가 뼈가 나오면
쓰레기통에 장사 지낸다
조종도 울리지 않고
무덤도 없다
그렇게 하나의 겨울은 녹아 내리지만
아이스 박스에는
차례를 기다리는 겨울이
패션쇼의 모델들처럼
늘씬한 몸매를 자랑하며
자기 차례를 기다리고 있다
겨울은 아이스크림 통에서
여름을 난다

붕어

팔러 나온 겨울 붕어를
세 그릇을 샀다
밤 사이에 더러운 물을 뱉어내라고
큰 통에 맑은 물을 채워 풀어주었더니
한 데 모여서
내일 죽더라도 행복하다는 모습이다
저렇게 살기를 좋아한 생명을

칼로 배를 따고
창자를 긁어내고
맑은 물에 헹구어
무 깔고
마늘 다져 넣고
고춧가루 듬뿍 넣고 소주 붓고
간장을 부어
뼈가 버금버금할 때까지 끓여
화탕지옥에 보낸 것을
어금니로 질근질근 씹어댄 것은

너무나 잔인해서

오늘 아침 저수지에다 풀어주었다
72마리

지구의 절망

우리 집 냉장고의 허파가
북극의 빙산을 녹여
백곰의 고향을 빼앗고

남태평양의 참치를
독도 주위에다 풀어놓은 지금
지구는 절망 중

겨울 창가에서

떨고 있는 햇살이
부러운 시선으로 들여다본
남쪽 창문을 열고
창틀에 턱을 괸 채
무심히 밖을 내다본다
소록도 배가 선창에 닿더니
발판 내린 소리가
빙벽 무너진 소리를 한다
바쁜 사람이 급하게 택시를 탄다
맨몸으로 달려온 북서풍이
팔뚝에 모여 있는 솜털을 불러 세운다
나는 창문을 닫고
방 안으로 들어선다
뒤따라오던 소음이 문에 치인다
겨울은 나를 길들인다
추우면 떨게

국토 사랑

내가 국토를 사랑한 건
아침 저녁으로 마당을 쓰는 것
사립까지 쓸다가
골목길이 어지러우면
골목길을 쓸고
골목길을 쓸다가
이웃집 마당이 어지러져 있으면
거길 쓸어주는 게 전부다

생일

2월 5일은 내 생일
그러나 난

나를 아는 사람으로 다시 태어나기 위해
죽음이 없는 생명으로 다시 태어나기 위해
나는 나를 임신 중

이렇게 오랜 산통에
괴로워 하면서

위대한 스승의 사랑

08. 5. 12일 중국의 쓰촨성 대지진 참사
08. 5. 15일 잉슈마을 초등학교 건물 잔해

무너진 돌더미를 막느라
머리가 깨지고 등이 부러진
장미야(張米亞, 29) 선생님의
두 팔에 감싸인
두 학생은 살아 있었다

두 학생을 꺼내기 위해
죽어서 굳어버린 선생님의 두 팔을 자르는 구조대
장 교사의 아내와 세 살 아들은
잔해의 깊은 곳에서 눈을 감았다

자기는 죽으면서도 살리고
죽어서도 껴안고
팔을 잘라야 그 품에서 제자를 내놓는
위대한 스승의 사랑

내 어머님은 교육부총리

살아생전 내 어머님은
자기 이름도 못 쓰고
써진 이름도 못 읽지만
심성만은 지상의 천사
내게
남 때릴라
남에게 욕먹을라 가르치셨으니
남을 때린 적이 없어
침략과 전쟁의 씨를 말리고
욕먹은 적 없어
죄와 지옥을 없앴으니

초파일 날 쌀 싸 이고
절에 가신 게 신앙의 전부였으나
인간이 신과 더불어 살아가고
신이 인간과 더불어 살아가는 법을
가르쳐 주신 내 어머님은
하늘이 임명하신 교육부총리

그런 당신

말이 없어도 왜 말이 없느냐고
불평하지 않는 당신
곁에 있는데도 자기 일을 찾아
한가하기를 싫어한 당신
있으면 있는 대로 없으면 없는 대로
편한 당신
문 여닫는 소리만으로도
고독을 쫓아버린 당신
바라볼 수 있는 것만으로도
넉넉한 당신
있으면 비워주고 없으면 채워준 당신 그러나
안보면 보고 싶고
기다려지고 찾아진 당신
내 마음을 자기로 꽉 채워
다른 생각에 보초선 당신
옷벗는 소리 하나로도
환락의 궁전을 짓고
눈내린 겨울 밤에도

장미꽃을 피워
자리끼물이 막힌 목을 뚫고
코고는 소리가 천상의 음악보다 감미로운

인동초꽃 차

5월 24일 아침
인동초 첫물 꽃을 따
차를 끓인다
차향에선
흰 구름의 미소와
별들의 속삭임이 맴돈다
겨울 삭풍에 시달린
그 헐벗은 가지가
간직한 향기를
찻잔에 채워 들고
하늘을 본다
뻐꾸기 소리만 지나가도
흔적이 남을 것 같은
저 하늘은
차 향에 푸르름을 풀어내리고 있다

존재 이유

막내딸을 시집 보내기 위해
내가 살아가는 게
존재 이유다
온 세상에 남자는 아빠 하나고
그 아빠가 좋아서 살아간 딸 아이를
아빠처럼 존경하고
아빠처럼 섬길
인정미 넘치고
너그러운 청년에게 시집 보내
아빠라는 남자와
남편이라는 남자가
한 꽃대에 두 송이가 핀
백합의 향기 속에 날개 짓 한
한 가닥 실바람처럼 너의
즐겁고 행복한 삶을 위해

묶음 셋

풍경 소리

석순

실패한 시험마다
재능에 맞지 않는 과목은 늘
모른 문제만 출제한다

시험에 출제된 문제만 모르지
안 것은 다 안다

떨어진 석회수에서 석순이 자라 듯
실패에도 성공은 자란다
포기하지 않으면

빙하의 물방울

빙벽이 부르르 떤다
그 떨림에서 떨어진 물방울 소리에
지구는 기절한다
그것은 지구의 마지막 생명이요
죽음의 시작이다
지구의 익은 체온에서
인간들이 기어 나온다
마지막 물방울이 떨어지면
떨어진 그 자리에서 사라진 우주
지구는 떨고 있다
빙하의 치맛자락에 매달려
물방울의 모가지가 가늘어 진다
그 모가지가 마지막 가늘어 질 때
지구는 무덤에 든다
지금 지구는 물방울 하나에 매달려 있다

단풍잎 줍기

화색 좋고
상처 하나 없는 걸
찾고 있었다

단풍잎이
자기 의지로 물들 때까지
어느 단풍잎 하나

흠 없고
벌레 먹지 않는 것이 없다는 걸
알았다

그 아픔과 상처야 말로
정말 아름다움이란 것도
알았다

나도
상처와 아픔에도 내 빛깔로 물든

고운 단풍잎이고 싶다

넘어진 나무

넘어진 나무가
서 있는 나무의 발 아래 누워 있다
그렇게 생을 마감한 건
얼마나 여유 있고 흐뭇한가
넘어질 때의 상처가
서 있는 가지에 남아 있다
쓰러진 나무를 붙잡으려다
얻은 상처는
함께 살아온 사랑의 흔적
이제 넘어진 나무는
다시 넘어지지 않는다

더덕순

떨어진 것들은
그냥 가지 않는다

뼈가 썩어 흙이 될 때까지
사랑하지 않았다면

한약 냄새 난 더덕순은
어림도 없다

그런 날

사과나무에는 왜
배가 열리지 않느냐고 물으면
알면서도 대답을 못한
늘 그런 날을 살아간다

천고마비

맑은 바람이 닦아놓은 하늘에 대고
너무 크게 웃지 말라
푸르름에 금 갈라

풀 뜯는 말 가까이 가지 말라
엉덩이 털에서 미끄러진 햇살
다리 부러질라

수박장수

수박이요, 수박
꿀수박 설탕수박
오늘 행복은 한 덩이에 오천 원

파래도 익은 수박
서리 같이 빨간 속
오늘 사랑은 한 덩이에 오천 원

벽

금의 양쪽이 서로
조금씩만 양보했으면
금은 없어졌을 텐데

자기 이익을 위해
자꾸만 당기다 보니 금은
몸이 나고 발을 키웠다
그 틈으로
빗물은 장화를 신고 걸었고
들어온 바람은 바람을 피웠다

주먹이 들락거리게 벌어진
금의 세력을 막을 수 없었던 벽은
벽에서부터 무너져 내렸다

황사

황사가 인해전술이다
외출에서 돌아와 세수를 하니
고비사막이 세숫물에 익사한다
코와 눈의 요새로 진격한 모래는
전투부대다
고민이다
모래가
지구를 삼키고
사람을 쫓아내고
죽음으로 몰아간다면
누가 곧이 듣겠는가
그러나 우리는 지금
모래의 송곳니에
모가지가 물려 있다

풍경 소리

한번도 눈감은 적이 없는 고기가
고행에서 구한 적멸보궁을
풍경 소리로 풀어
대웅전 추녀 끝에서
바람의 오지랍에 싸주며
한낮의 고요를 가꾸고 있다

문둥이 부부

김신아 정봉희는 노부부
정봉희 할머니가 중풍으로 쓰러져
국립소록도병원에 입원
할머니는 눈 깜빡이고
음식물 넘기는 반사기능 외엔 멈춘 상태

김신아 할아버지는
비가 오나 눈이 오나 오후 2, 3시면
지팡이 짚고 병실로 찾아와
다정하게 쓰다듬어 주고 말도 건네주고
하모니카를 불러주다
먼저 화장터로 갔다

할아버지가 오지 않자 할머니는
입에서 음식물을 밀어냈다
녹음 해 놓은 하모니카 소리를 듣더니
식욕을 되찾았다 그러더니
그것이 녹음해 놓은 소리인 줄 알고

음식을 끊어 남편의 뒤를 따랐다

건강한 육신에 사랑이 문둥이인 사람보다
병은 문둥이어도
사랑은 눈썹 하나도 빠지지 않은
문둥이 부부

마이산 돌탑

송광사 입구에
장님인 노인 곁에
부인인 듯 늙은 여인이
떼지은 주름살 아래 앉아 있다
플라스틱 그릇을 놓고 보시 하란다
받는 기쁨보다 주는 기쁨이 더 큰
받는 복보다 주는 복이 더 쌓인
세상 인심 몇 개가 어깨를 맡대고 있다
그 동전은 보시한 사람의 선업을 쌓는다
마이산 돌탑처럼

백팔 배

새벽의 백팔 배는
자비로운 부처님과
그 발 아래
내 몸을 낮추어 겸손해지고
윤회를 따라 온
내 죄업을 씻는 참회랍니다

오늘부터 난
당신의 품에 안기고
당신의 사랑에 안기어
당신의 뜻을 따르리라

촛불이 어두운 마음을 밝히고
향내음이 내 죄의 찌든 냄새를 몰아내는
이 엄숙한 순간에
나 혼자 당신을 만납니다

사과 두 개

내 나이 다섯 살 때
아버지를 따라 주막에 갔었다
아버지께서는 친구분과 술을 드시고
나는 이방 저방 뛰어다니다가
빈 방에 있는 사과상자에서
사과 하나를 빼 먹었다
하도 맛있어서
하나를 더 빼먹었다
도적질을 한 것이다

술자리가 끝난 아버지께서
배웅 나온 주인에게
"미안해서 어쩌냐" 고 빌었다
주인은
"어린 것이 그랬으니 어쩔거냐" 고
용서를 했다

어른이 된 지금도 난

내 눈과 코와 입의 유혹에 걸려
내 양심을 도적질한 어린애
아무도 모를 거라고 생각해도
주인은 벌써 다 알고 있는

지금 부자다

아침에 눈을 뜬다
우주가 생긴 이래
오늘은 처음 있는 날
햇살은 생생한 육체 위에
나를 놓는다

잘했다
하루를 더 살길
이 기적과 행운을
두 눈에 넣고 있는 나는
지금 너무너무 부자다.

부처와 중생

아이가
엄마의 다리를 붙들었다가
치맛자락을 잡아 당겼다가
귀찮게 보챈다
왜 이렇게 성가시게 구느냐며
안아 올린 엄마

눈물이 났으면 닦아주고
상처가 났으면 약 발라주고
배고프면 밥 주고
졸면 잠재워 주신다

엄마는 부처요
아기는 중생
그래서 엄마와 아기는
부처님이 베풀어주신
정진의 교과서다

친구

친구야
다시는 만나지 못할 친구야
이제 네가 떠나고 없으니
만날 사람도 없고
만나서 이야기를 하면
그 못나고 비겁한 이야기도
허리 틀며 웃어줄 사람이 없으니
이제서야 매마른 한숨으로 바라본 하늘에서
널 만난다

술자리

부어라, 부어라 잔이 넘치게
마셔라, 마셔라 간이 동동 뜨게
떠들고 시끄러운 게 즐거움이다
기뻐하고 좋아한 게 축복이다

마지막 한 방울까지 다 비운 술병은
머리를 오물에 처박아
쓸어졌다
젓가락은 나자빠져
남의 목에 다리를 걸친 놈
남의 발가락을 물고 누운 놈
속이 매시꺼운 접시는
굳은 기름을 깔고 앉은 채
잠이 들었다

너를 만나
이렇게 개판치는 날은
얼마나 즐거운가!

취가醉家

술이 사람을 마셔버려
비틀거린 두 다리가 데려간다
아무리 걸어도 길이 줄지 않아
길을 나무라며 내려다보니
앞으로 두 걸음 뒤로 두 걸음

묶음 넷 —

홀로 산행

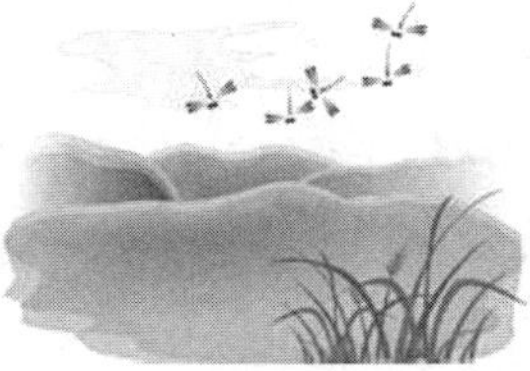

꽃잎 안주

꽃 그늘 아래 술이 넘치니
나보다 더 좋아하긴 꽃잎이런가
백옥 같은 알몸으로 술잔에 뛰어든다

제 몸을 제가 타고
바람을 삿대 삼아
술에 비친 산천을 휘돌아 본 낭만이여
술잔을 기울이니
꽃잎 안주 따라 들어
줄어든 술이 아깝다

똘똘똘
술 넘어간 소리
술잔까지 따라 넘어가겠다

거울

이 세상에서 나를
나처럼 좋아할 친구가 보고 싶으면
거울을 본다

간단하게 살기를 좋아하고
깨끗하게 살기를 좋아하고
욕먹는 일 없이
죄지은 일 없이 베풀어 살면서
나를 떠나서
나를 버리고 살아가는

가장 나를 닮고
가장 나를 사랑한
그 사람이 보고 싶으면
거울을 본다

혼자는 혼자가 아니야

아무도 관심이 없는 게 아니야
호기심을 가지고
나를 엿보기 좋아한 것들이 있어

키가 큰 레몬나무가
화분에 까치발로 서서
유리창을 넘어다보고 있어

초저녁엔 별이
테이블 유리판 깊숙히 안기고
그 별 어깨너머에서 달이
얼굴을 내밀고 있어

문을 열어주면
배꼽 내놓은 바람이 들어와
땀을 닦으며 아양을 떨지
누워서 쉬라고

홀로 산행

바람이 아니어도
나들이 먼 꽃향기

바위 허벅지 베고
도란거린 물소리

우연히 산길에서 만난 여인
터질듯한 꽃봉 같은데

말도 붙여보지 못했는데
저만치 가버렸다

이럴 수가 없어

말대답을 했어도
미워한 게 아닌데

한세상 다 잠기는 눈물을
마지막 선물로 주고 간 당신

다음 세상엔 내가 먼저 죽고
당신이 살아 남아

두 팔로 다 안을 수 없는
이 슬픔을

당신이 다 가지시구려

문자 메시지

여보, 오늘 저녁은
우리 가족 외식이라오
외식 나갈 때 문자 메시지를 보내겠소
일이 늦어 못나오실까 바
식당에서 다시 보내겠소
그럼 당신은 귀신이 되었으니
귀신같이 달려와
내 옆에 앉으시구려
나는 상추잎을 골라 물방울을 털고
맛있게 익은 비계와
마늘 한 쪽
된장을 한 점 올려
내 상 왼편에 올려 놓겠소
한 입 드시면서
우리 애들 조잘댄 소리 다 듣고
승천하시구려

코미디언 이주일

이주일 씨는 코미디언
그가 떠나자
웃음이란 웃음은 자리를 떴다
그의 코미디 한마디는
요순시대보다
더 즐거운 시대를 살게 했다
입가에 넘치는 웃음의 나라에다

산사나이 엄홍길

키 167㎝의 호리호리한 사나이
엄홍길
에베레스트 38번 도전해
28번을 성공한 등산가
그가 인간의 한계에 도전하여
세계적인 산사나이가 된 것은
풍채도 가문도 학벌도 아니다
의지와 경험과 지혜를
산과 날씨와 신이 도와
200m의 수직벽으로 지킨
눈사태를 따돌렸다
몇만 년 봉우리를 지키던 만년설도
그의 도전을 허락하여
하얀 속살의 비밀을 내놓고 만다
에베레스트의 위대한 강간자

아인슈타인

알베르트 아인슈타인
네 살 때까지 말을 못했다
일곱 살 때까지 글을 못 읽었다
취리히 폴리테크 학교에서 쫓겨났다
재입학에 거절당했다

돌을 버려두면 돌이어도
쪼개고 자르고 쪼으고 닦으면
보석도 나오고
미녀도 나온다

사람은 누구나 천재
없는 것이 아니라
나타나지 않을 뿐
1%의 가능성에 일생을 걸어
100%의 인간이 되는 거다

시워드 장관

미국 시워드 장관은 말했다

나는 눈 덮인 모습을 보고
알라스카를 산 게 아니었습니다
그 안에 감추어진
무한한 보고를 보고 샀습니다

나는 우리 세대를 위해
그 땅을 산 게 아니었습니다
다음 세대를 위해
그 땅을 샀습니다

꿈꾸는 사람은
낮은 가치에서 높은 가치를 이룬 사람입니다
작은 것을 심어
크게 키운 사람입니다

꿈꾸는 자여

오늘의 작은 이익에 연연하지 말고
미래의 가치에 투자하라
너와 나 모두에게 이익이 될

그런 너는
현재를 사는 미래의 인간
죽어도 죽지 않는 인간이 되어
죽은 자가 산 자를 살린다

폴 울포위츠

세계은행총재
폴 울포위츠

한 발가락도 아니고
양쪽 다 구멍난 양말
세계경제를 내다본 발가락

총재의 양말에 구멍이 났으니
가난하고 불쌍한 사람들은
양말이 다 떨어져
발등만 덮은 발 이불이 되었겠다

경제가 고드름 위에 선 겨울에

잡 페린트 씨

세계 제 2차대전 당시
네덜란드에서
나치의 학살로부터
406명의 생명을 구한
잡 페린트 씨의 사망 소식
글쎄 인간은
남의 목숨은 406명이나 구해도
자기 한 목숨은 구하지 못하나 보다

오프라 윈프리

가시밭에서 피어난
아름답고 향기로운 장미
그 장미는 화병에 꽂혀
신의 제단에 바쳐지리라

슬픔의 끝에는 기쁨
가난의 끝에는 영화
그녀가 베푼 자선은
인간의 가슴을 넉넉하게 한다

비욘세 놀스

청바지 실밥이 목을 맨
그녀의 탱탱한 허벅지를 보고 있으면
빈손이 벙글어진다
나는 고혹의 강에 익사한다
그녀는 노래하는 가수이기 이전에
육체의 리듬에 흔들리는 가수다

원자바오 중국 총리

감사한 마음으로 전한
촌부의 사과 한 상자를 받고
36,000원의 사과값을 보낸
원자바오 중국 총리
총리의 자리에서
국민과 나라를 위해 베풀고
사과 한 상자의 고마움까지 갚았으니
빚진 것도
신세진 것도 없이
모든 짐을 벗어버리고
생명의 고개를 넘어
새로운 나라에 들 멋있는 인간
그런 분이 총리이니
중국의 알통이 커질 수 밖에

전사자 유해

6.25 전쟁이 휴전된 지 50년
비무장지대 백석산에서
제대도 하지 않고
뼈로 조국을 지킨 이태윤

그 뼈는
Lee Tae Yoon이라 쓴
미제 군용 스푼을 담고
칠사단 칠성 마크를 달고
MI 소총 실탄 50여발을 가지고
조국을 지키고 있었다

뼈는 말한다
나를 찾는
유족이나 친지가 나타나지 않아도

뼈를 찾아준 동포가 있고
뼈가 묻힐 조국이 있고

죽어서도 지킬 나라가 있어
청춘이 해골이 되어도
후회 없단다

국군유해 발굴

56년 만에
만나줄 친척도 없이
0167621 군번 하나 달랑 달고
이 세상을 찾아온 유해
입대할 때 태어나지도 않았던 조카가
태극기 아래 잠든 삼촌을
뼈로 만난다
그래도 다행이다
죽어서 만난 산 조카가 있어서

동국공정

중국 지도에다
대한민국이라 써놓으면
중국이 대한민국이 될거나

남대문에다
천안문이라 써놓으면
남대문이 천안문이 될거나

자기의 역사를
자기들이 짓밟아 찢는
가소로운 수작들

그러니까
인간의 역사는 전쟁이요
인간은 인간에 의해 짓밟힌다

독도

도둑질하다 들킨 땅도
자기네 땅이라고 우기는
교활한 여우들

내민 손에 꽃 들고
감춘 손에 칼 들고

예의 바른 친절도
예쁜 것이 독버섯

작은 애국

땀이 옷에다 지도를 그린지라
선풍기도 있고
에어컨도 있는데
왜 켜지 않느냐고 불평하니
글쎄
성한 사람은 땀 좀 흘리고
그 전기를
병원이나
실험실이나
공장으로 보내야 하지 않겠어요 한다
그래야
환자도 살리고
산업도 살리고
하늘도 살릴 게 아니에요

갑자기 입이 없어져 버린다

묶음다섯

두두물물

게 공화국

옆 걸음을 치며 살아도
게네 육법전서엔
법이 한 줄도 없다
뻘밭은 게판이어도
남을 간섭하거나
해친 적이 없어
자기가 자기를 사랑하고
자기 생업이 오락이기에
뻘밭엔
시위도 선거도 없고
경찰서 법원 정통부는 물론
그들 사전엔
전쟁이란 단어조차 없어도
저마다 국민이며
저마다 대통령이다

낭만의 부자

꼭,
내 것이라고
등기를 해야 하나

하늘이며 대지가 모두다
내 눈 안에 들었으니
그냥 두고 보면

그저 즐겁고
넉넉하여
천하 부자인 것을

부자의 씨

정당하게 얻을 수 있는 네 수익이
10%요 잘하면
11%를 얻을 수 있어도
네가 가져갈 땐 언제나
8%만 가져가라
그러면 신은 잃어버린
2%를 채워준 것이 아니라 계속
8%를 저축하게 하리라
현금도 통장도 없는
상대방의 가슴 속에

그러면 사람은
아직 가난할 때부터
부자의 씨가
파종 된다

유일초강대국

문명은 총을 만들고
법은 총을 허용하고
자유는 총을 쏜다

대학 강의실에서
교수와 학생 32명이
백주에 귀신이 된 유일초강대국

미개인은 하얗게 웃는다
총은 커녕 막대기 하나 들지 않아도
널려 있는 게 자유요 평화라고

있어도 없는 듯이

그 동네 사람들은
올림픽이 열려도 TV를 켜지 않는다
박람회가 열려도 가보지 않는다
오페라 무료 감상이라도 싫단다

그들은
물질의 노예 됨을 싫어한다
문명의 침략도 싫어한다
과학의 편리함도 싫어한다
자연의 파괴도 싫어한다

차라리
침묵에 흐르는 고요를 즐기고
사랑이 녹은 미소를 마시고
바람과 구름에서 만남과 이별을 배우며
있어도 없는 듯이 사는 게 행복이란다

졸랑말

부자가 되면 그때
졸랑말을 살려오
털빛에 살이 오르면
하루는 산길로
하루는 해변가로
정적을 깨는 말방울 소리를 따라
말에게 길을 맡기고
말 등에 앉아 흔들릴려오

1%를 100%로

99개의 단점 중에
1개의 장점이 있거든,
그 1%가 100%가 되게 하라

마치
한 우물을 파
밥하고 빨래하고 목욕하듯이

99개의 단점 투성이라도
절대로 포기하지 말고
1%의 장점에 인생을 걸라

한 개비의 성냥불이
수억 년의 어둠을 쫓듯이
그 1%가 네 인생의 어둠을 쫓으리라

자장면 배달원

개는 자장면집 배달원
학벌엔 교문이 없다
입과 머리와 가슴이 교과서인
현장학습이다
동네 골목골목 어제 이사온 집까지
속속들이 아는 게 개의 지식이요 재산이다
기다리지 않게 하고
퍼지지 않게 하고
빈 그릇은 온 줄도 모르는데 가져갔다
그가 받은 자장면 값은
봉급을 낳는 암탉이요
통장에 든 미래다
선물을 받는 듯 공손하고
재산이 살찌게 해 고맙단다
한 그릇이나 열 그릇이나
똑같이 친절한 개의 철가방엔
맑은 피와
부지런한 땀냄새가 난다

걔가 나른 자장면은 동네 사람들의 행복이요
이마에 땀방울은 맑고 고운 보석이다

두두물물

만상을 존재케 하고도
자기는 가진 게 없는 하늘의 道
낮게 낮게 맑게 맑게 살라는 물소리
아름다움도 향기도 나누어 주고 살라는 꽃
오는 곳도 가는 곳도 없으니
하얗게 머물다 가라는 흰 구름
때가 되면 자기 목소리로 노래하라는 새
썩은 나무에 붙어 살아도 향기롭게 산다는 난
부드러운 젖꼭지를 수목에 물린 안개
나의 존재가 우주라는 허공
살아가는 게 빛이라는 태양
땅에 누워서도 산정에 오른 산길
살진 가슴마다 생명을 키운 대지

어느 것 하나
부처님 도량이 아닌 게 없고
어느 것 하나
야단법석이 아닌 게 없고

어느 것 하나
부처님 설법이 아닌 게 없다
눈뜨면 진리의 나라요
눈감으면 열반이다

*두두물물(頭頭物物): 여러 종류, 만물.

그러지

어느 누가 못살고 싶겠느냐
잘 살려고 기를 쓰고 또 써도
어먼 일이 먼저 터지니까

마음 먹은 대로 다 잘 된다면
그 누가 가난하고 불쌍하랴
하고 싶은 것 다 잘하고 살지

가난해도 걱정이 없으면
아침해는 동편에서 뜨고
뜰에는 꽃피고 새가 운단다

썩은 통나무

홍수에 떠내려 간
썩은 통나무 하나
평생에 단 한 번의 기회를 잡아
한 사람의 운명을 책임지고 있다

비오는 날

비는 내리고
바람에 창문이
심하게 덜커덩 거린다

혼자인 내 방에
빗속을 걸어 찾아 온
고독의 위안이다

맞이해 안을 수는 없지만
두어라
말못한 그 사람이 보내온 마음이니

발 노래

불쌍한 발아
뭘라고 난데서 태어났느냐
다섯 통 빨래를 밟았더니
발에 기름이 빠져
희끗희끗 거칠거칠

불쌍한 발아
뭘라고 난데서 태어났느냐
온몸을 다 짊어지고 다녀
피곤에 지치고
냄새난다 구박받고

이발사

직업은 이발사
손님의 맘에 들도록
자르고 다듬을 때
내 기쁨도 다듬어진다
이발을 마치고 단정하고 깨끗한
그를 바라본 내 마음은
내가 주고 내가 받은 꽃다발
업소가 쉬는 날은 자원봉사다
어지럽고 따분하게
머리에 뒤집어 쓴 까치집이
가윗날에서 새롭게 태어나
나를 찾아 온 미소는
이승에서 핀 천국의 꽃
이게 내가 가꾼 영토요
영주의 성城이다

나는 정말 똑똑하고 멋있는 사람
내 인생에 후회는 없다

두고두고 이 일을 하리라

나 만의 시간이 흐르게 하고

터지는 카메라의 세례도
만군중의 박수도
나를 위해 거리에 뿌려진 꽃이라도
싫소

내 시계 위에
나 만의 시간이 흐르게 하고
나 만이 할 수 있고
나 만이 즐길 수 있고
나 만이 보람을 느낄 수 있는 일에
내 시간을 다 쓰고 나면

백만장자가
화려한 저택을 다 쓰듯
젊은 왕이
삼천궁녀의 밤을 다 쓰듯
황홀하답니다

여의도 국회의원 동산 참새

초가지붕이 없으니
집터를 잡을 수 없었던 차에
느티나무 구멍을 찾아냈다
이 도시의 겨울을 이기고
둘이 만나 사랑하고
지금은
새끼 칠 둥지를 마련하려고
마른 풀잎을 물어 나르는 중
하나는 물어 나르고
하나는 짓고
청약하지 않아도 잘만 짓는다
도둑 사기 공갈 유괴에 걸리지 않고
자물통도 번호도 없는 집에서
마냥 행복한 참새 부부는
행복하기 위해 63빌딩을 짓는
인간을 이해하지 못한다
우리에겐 이혼도 재혼도 없고
나는 너 때문에

너는 나 때문에
라면 한 봉지가 없어도
사랑이 있는
참새로 살기를 잘했다

5.18 묘역에서

5월 18일
하얀 소복을 입은 여인이
무덤을 안고 통곡한다
"아이고, 아이고 우리 오빠 보고 싶어라,
어디 가서 만날까
어디 가서 만날까"
그 울음 소리가 듣는 눈도
뜨겁게 한다

먼지와 눈동자

먼지 알갱이도 내 마음보다
천배나 만배나 크다

우주의 크기가 갓이 없다 하나
작은 눈동자 하나도 채우지 못한다

그러니 크다 작다 말하지 말라
커도 작고 작아도 크니.

위대한 나

눈에서는 천지 만물이 살고
귀에서는 신의 노래가 살고
코에는 억조창생의 몸내음이 머무니
나밖에 우주가 따로 있다 하랴